BEI GRIN MACHT SICH IHR
WISSEN BEZAHLT

Beweise der Existenz Gottes von al-Baqillani und Thomas von Aquin im Vergleich

Hatice Yildirim

Bibliografische Information der Deutschen Nationalbibliothek:

Die Deutsche Nationalbibliothek verzeichnet diese Publikation in der Deutschen Nationalbibliografie; detaillierte bibliografische Daten sind im Internet über http://dnb.d-nb.de abrufbar.

ISBN: 9783389040270
Dieses Buch ist auch als E-Book erhältlich.

© GRIN Publishing GmbH
Trappentreustraße 1
80339 München

Druck und Bindung: Books on Demand GmbH, Norderstedt Germany
Gedruckt auf säurefreiem Papier aus verantwortungsvollen Quellen

Das vorliegende Werk wurde sorgfältig erarbeitet. Dennoch übernehmen Autoren und Verlag für die Richtigkeit von Angaben, Hinweisen, Links und Ratschlägen sowie eventuelle Druckfehler keine Haftung.

Das Buch bei GRIN: https://www.grin.com/document/1483973

Goethe-Universität Frankfurt am Main

Fachbereich Sprach- und Kulturwissenschaften (09)

am Institut für Studien der Kultur und Religion des Islam

Seminar: Systematische Theologie des Islams (*Kalām*)

Semester: SS 2019

Hausarbeit

Beweise der Existenz Gottes von al-Bāqillānī und Thomas von Aquin im Vergleich

vorgelegt von:

Hatice Kübra Yildirim

Studiengang: Islamische Studien BA, 6. FS

Einreichdatum: 31.10.2020

Inhaltsverzeichnis

1 Einleitung

Laut Carl Gustav Jung ist es allgemein bekannt, dass Menschen das von Natur aus gegebene Bedürfnis haben, an etwas zu glauben bzw. höhere und/oder geistliche Wesen anzubeten.[1] Schon seit Ewigkeit gründen Menschen Religionen und beten unterschiedliche „göttliche" Wesen an. Es ist bekannt, dass es trotz der Verschiedenheiten eine Gemeinsamkeit der Religionen, insbesondere der monotheistischen Religionen (Christentum, Judentum und Islam)[2] gibt, und zwar, dass Menschen, die zu diesen Religionen konvertiert sind, an ein höheres „geistliches Wesen" glauben, das Gott genannt wird. Es ist jedoch nicht befriedigend, wenn man zu einer dieser Religionen konvertiert ist, ohne jegliche Beweise zu haben, dass es tatsächlich diesen einen Gott gibt. Somit haben Theologen und Philosophen sich mit der Frage beschäftigt, ob es in Wirklichkeit auch einen Gott gibt und welche Anzeichen oder Beweise für seine Existenz vorhanden sind.

Schon seit Jahrhunderten wird das Thema zur Existenz Gottes immer wieder neu debattiert. Unter den Theologen und auch unter den Philosophen werden unterschiedliche Argumentationswege angewendet, um die Existenz Gottes zu beweisen. Beispiele für diese sind unter anderem die ontologischen-, kosmologischen-, teleologischen- und moralischen Gottesbeweise.

Im Bereich der Beweisführung zum Thema Gottesexistenz besteht eine relativ umfangreiche Literatur. Die klassischen Werke sind auf Arabisch, Deutsch, Griechisch, Lateinisch und Englisch verfasst, welche unter anderem folgende sind: Das Werk *Metaphysik* von Aristoteles, David Humes *Dialogues Concerning Natural Religion*, René Descartes' *Meditationes de prima philosophia*, Thomas von Aquins beiden Werke *Summa contra Gentiles* und *Summa theologiae*, Abū Muḥammad b. aṭ-Ṭayyib al-Bāqillānīs Werk *kitāb at-tamhīd*. Auch beschäftigten sich Philosophen, Theologen und Wissenschaftler mit dem Thema Beweisführung der Existenz Gottes, wie Abū l-Muʿīn an-Nasafī, Immanuel Kant, Anselm von Canterbury, Kurt Gödel und Marcus Tullius Cicero.

---

[1] Vgl. Jung zit. n. Köse: Din Psikolojisi (2000), Bd. 22, S. 215.
[2] Vgl. Hoerster: Die Frage nach Gott (2005), S. 12.

All diese erwähnten Philosophen und Theologen haben unterschiedliche Argumentationsmethoden angewendet, um die Existenz Gottes zu beweisen.

In der vorliegenden Hausarbeit wird der Frage nachgegangen, inwiefern sich die Gottesbeweise von dem muslimischen Theologen al-Bāqīllānī und dem christlichen Philosophen Thomas von Aquin voneinander unterscheiden. Zu Beginn werden die kosmologischen und teleologischen Gottesbeweise definiert, um besser veranschaulichen zu können, wie die beiden Persönlichkeiten ihre unterschiedlichen Methoden zum Thema Gottesbeweis anwenden. Als nächstes wird der kosmologische Gottesbeweis von Thomas von Aquin und der teleologische Gottesbeweis von Abū Bakr al-Bāqillānī behandelt. Letztendlich wird die Frage beantwortet, inwiefern sich die Gottesbeweise von Thomas von Aquin und al-Bāqillānī voneinander unterscheiden.

2 Definition Gottes

Der Begriff „Gott" wird sowohl in der Philosophie als auch in der Theologie sehr unterschiedlich verstanden und definiert.[3] In dieser Arbeit wird der Gottesbegriff definiert, der von den drei großen monotheistischen Religionen geprägt ist. Der Monotheismus versteht unter *„Gott das einzige, ewige, personale und körperlose, höchst vollkommene Wesen, das die Welt erschaffen hat sowie erhält und lenkt"*[4]. Diese Definition erklärt, dass es nur einen Gott gibt, der immer existiert hat und existieren wird. Außerdem sei Er zugleich Person, aber auch ohne Körper und höchst einwandfrei in seinem Wesen. Darüber hinaus sei Gott der Schöpfer der Welt und dessen Bewahrer und Steuer. Laut Hoerster kommen dazu noch sechs Eigenschaften, die Gott ausmachen. Diese Eigenschaften sind wie folgt: *„1. als einzig; 2. als ewig existent; 3. als körperlose Person; 4. als uneingeschränkt vollkommen; 5. als Ursprung der Welt; 6. als Erhalter und Lenker der Welt."*[5]

---

[3] Vgl. Hoerster: Die Frage nach Gott (2005), S. 12.
[4] Hoerster: Die Frage nach Gott (2005), S. 13.
[5] Ebd.

Nach dem monotheistischen Verständnis, sei das Wesen, der die aufgezählten Merkmale besitzt, allein Gott.

In diesem Kapitel wurde die monotheistische Auffassung des Gottesbegriffs erläutert, um verständlich zu machen, von welchem Gottesverständnis die Rede in der Arbeit ist. Im nächsten Kapitel werden die kosmologischen und teleologischen Methoden zum Gottesbeweis behandelt.

3 Strategien/Methoden von Gottesbeweisen

3.1 Der kosmologische Gottesbeweis

Es gibt unterschiedliche Methoden, die Existenz Gottes kosmologisch zu beweisen.[6] Im Folgenden werden zwei Versionen dargestellt, und zwar die *Kalām*-Version und die populärphilosophische Version. Die *Kalām*-Version des kosmologischen Gottesbeweises, begründet die Existenz Gottes mit dem Argument, dass alles Existierende eine Ursache hat, so die erste Prämisse. Als Nächstes wird argumentiert, dass das Universum nicht ewig sein kann und somit einen Anfang seiner Existenz haben muss. Die Konklusion der beiden Prämissen lautet somit, dass das Universum eine Ursache hat, die nur durch die Existenz eines Gottes erklärbar ist.[7] Also wird mit der Existenz des Universums die Existenz eines Gottes vorausgesetzt, da alles Existierende in der Welt eine Ursache habe.

Die populärphilosophische Version ist der *Kalām*-Version sehr ähnlich, und zwar besagt diese, dass jedes Ereignis eine Ursache hat. Demzufolge muss das Universum eine „*Erstursache*" haben, um die Ursachen jeglicher Ereignisse in der Welt zu initiieren. Diese Erstursache aller Ereignisse in der Welt wird mit Gott begründet.[8] Daraus kann man folgern, dass für beide Versionen der kosmologischen Gottesbeweise von der Existenz des Universums, auf die Existenz Gottes ausgegangen wird.

---

[6] Vgl. Hoerster: Die Frage nach Gott (2005), S. 20.
[7] Vgl. Hermanni: Metaphysik (2017), S. 17.
[8] Vgl. Hoerster: Die Frage nach Gott (2005), S. 20.

3.2 Der teleologische Gottesbeweis

Der Ausdruck „teleologisch" kommt aus dem griechischen Wort „*telos*", welches „Ziel" oder „Zweck" bedeutet.[9] Die teleologische Methode beweist die Existenz Gottes durch die Ordnungsstrukturen in der Welt.[10] Sie begründet dabei die Ordnung aller Dinge und Komplexität der Welt durch einen schöpfenden Verstand.[11] Es sei unmöglich, dass die Ordnung in der Welt rein durch Abfolge der Zufälle entstanden sein könne.[12]

Diese Version des Gottesbeweises argumentiert, dass es einen Gestalter geben muss, der die Fähigkeit hat, die Dinge in der Natur so gestaltet zu haben, dass sie einwandfrei ihre Absichten oder Aufgaben erfüllen.[13]

Nachdem in diesem Kapitel der allgemeine teleologische Gottesbeweis erklärt wurde, folgt nun der Gottesbeweis von Thomas von Aquin.

4 Gottesbeweise nach einem christlichen Philosophen und einem muslimischen Theologen

4.1 Gottesbeweise nach Thomas von Aquin

Thomas von Aquin (gest. 1274)[14] beschäftigte sich mit zwei Versionen von Gottesbeweisen, und zwar mit den kosmologischen und den teleologischen Gottesbeweisen. Diese befinden sich in seinen Werken *Summa contra gentiles* (Summe gegen die Heiden) und *Summa theologiae* (Summe der Theologie). In diesem Kapitel wird sein kosmologischer Gottesbeweis behandelt, den er in seinem Werk *Summa theologiae* darlegt.

---

[9] Vgl. Dupré: 50 Schlüsselideen Philosophie (2010), S. 153.
[10] Vgl. Hiltscher: Gottesbeweise (2010), s.p.
[11] Vgl. ebd.
[12] Vgl. Dupré: 50 Schlüsselideen Philosophie (2010), S. 153.
[13] Vgl. ebd.
[14] Vgl. Müller: Gott erkennen (2001), S. 35.

Thomas von Aquin beweist die Existenz Gottes mit fünf Theorien, die er als „*quinque viae*" (fünf Wege) bezeichnet.[15] Der erste Weg seines Beweises ist, dass die Welt in Bewegung ist. Laut Thomas wird alles, das sich bewegt, von einem anderen bewegt. Außerdem könne sich etwas bewegen, sobald es am Ziel ist.[16] Darüber hinaus stellt er die These auf, dass etwas nicht zur gleichen Zeit bewegend sein kann und gleichermaßen die Position dessen einnimmt, der bewegt. Daraus schließt er, dass etwas sich selbst nicht bewegen kann.[17] Aus diesem Grund müsse es ein erstes unbewegtes Bewegendes geben, das die Welt in Bewegung setzt. Mit diesem ersten unbewegten Bewegendem, meint er Gott.[18] Das heißt, Thomas begründet die Bewegung in der Welt damit, dass alles von einem Beweger abhängt, also mit der Existenz Gottes.

Der zweite Weg des Gottesbeweises nach von Aquin sind die Wirkursachen in der Welt. Er führt aus, dass es in der Welt Über- und Unterordnung von Wirkursachen gibt, welche voneinander abhängen. Dies erklärt er damit, dass die Ordnung von Wirkursachen in der Welt so begründet, dass das Erste die Ursache des Mittleren und das Mittlere die Ursache des Letzten ist.[19] An dieser Stelle merkt er an, dass die Wirkursachen nicht ins Unendliche gehen können, denn das würde bedeuten, dass es keine erste Ursache gibt. Dass es keine erste Ursache gibt, würde laut Thomas den offensichtlichen Fakten widersprechen. Also kommt er zu dem Schluss, dass es eine erste Ursache geben muss, welche Gott genannt wird.[20] Aus diesem Gottesbeweis wird verstanden, dass es laut Thomas unmöglich ist, dass es keine erste Wirkursache gibt. Er meint also, wenn es Wirkung gibt, muss auch ihre Ursache existieren.

Der dritte Weg, den er erläutert, ist der Unterschied zwischen möglichem und notwendigem Sein.

---

[15] Vgl. Müller: Gott erkennen (2001), S. 34.
[16] Vgl. Von Aquin: Summa Theologica (1982), Bd. 1, S. 44.
[17] Vgl. ebd., S. 44 f.
[18] Vgl. ebd., S. 45.
[19] Vgl. ebd., S. 45 f.
[20] Vgl. ebd., S. 46.

Unter den Dingen sei das mögliche Sein dem Entstehen und Vergehen unterworfen.[21] Aus dieser Erkenntnis kommt er zu der Behauptung, dass diese Dinge, die möglicherweise nicht sind, auch nicht immer gewesen sein können.[22] Also geht er davon aus, dass es eine Zeit gegeben haben muss, in der nichts gewesen ist.[23] Anschließend kritisiert von Aquin seine Theorie, denn er stellt heraus, dass wenn seine Behauptung wahr wäre, es heute auch nichts sein könnte.[24] Aus dieser Untersuchung ergibt sich für ihn, dass es unter den Dingen etwas geben muss, dessen Existenz notwendig ist. Das bedeutet, dass die Möglichkeit seines Nichtseins ausgeschlossen ist. Er erklärt, dass ein Sein existieren muss, das durch sich selbst notwendig ist und das selbst der Grund für die Notwendigkeit aller anderen möglichen Wesen ist.[25] Mit diesem notwendigen Wesen, das existieren muss, meint er Gott. Aus dieser Begründung ist zu verstehen, dass alles in der Welt, das einen Anfang hat und sterblich ist, zu den möglichen Sein zählt, damit sind also alle Wesen gemeint. Thomas von Aquin erklärt, dass es unmöglich sei, dass alles von dieser Art von Wesen seit ewig existiert, da das, was die Möglichkeit besitzt, nicht zu sein, auch einmal nicht existiert habe.[26] Laut seiner Argumentation gibt es in der Welt nichts, was ewig ist, da alles was bereits existiert, die Möglichkeit besitzt, nicht zu existieren. Das hieße, dass es eine Zeit gegeben habe, wo tatsächlich nichts war.[27] Das ist auch der Grund dafür, dass es zwingend notwendig sei, davon auszugehen, dass es ein Wesen geben muss, das ewig und der Grund für die anderen existierenden Wesen ist.

Thomas von Aquins vierter Weg des Gottesbeweises sind die sog. *„Seins- [Wert-] Stufen"*[28], die sich unter den Dingen befinden. Bei diesen *„Seins- [Wert-] Stufen"* erklärt er, dass es unter den Dingen unterschiedliche Stufen von Merkmalen, wie gut, wahr oder edel gibt.[29]

---

[21] Vgl. Von Aquin: Summa Theologica (1982), Bd. 1, S. 46.
[22] Vgl. ebd.
[23] Vgl. ebd.
[24] Vgl. ebd.
[25] Vgl. ebd., S. 47.
[26] Vgl. Von Aquin: Die Gottesbeweise (1986), S. 55 ff.
[27] Vgl. ebd., S. 57.
[28] Von Aquin: Summa Theologica (1982), Bd. 1, S. 47.
[29] Vgl. ebd.

Zudem behauptet er, dass diese Merkmale mehr oder weniger von etwas geprägt werden, wenn sie sich in verschiedenen Dimensionen dem Höheren seines Merkmals nähern. Dazu erwähnt er das Beispiel, dass etwas mehr warm wird, sobald es dem am meisten Warmen näher kommt.[30] Somit schlussfolgert er, dass es etwas geben muss, das „höchst" wahr, -gut, -edel und damit in der höchsten Stufe des „Seins" ist.[31] Des Weiteren führt er aus, dass es etwas geben muss, das für alle Wesen Ursache ihres Seins und der Grund ihrer „Seinsvollkommenheiten"[32] ist.[33] Mit diesem Weg seiner Argumentation möchte er beweisen, dass es ein Wesen, also Gott, geben muss, das alle bekannten Merkmale vollkommen besitzt und anderen Dingen in der Welt von seinen Eigenschaften gegeben hat.

Der letzte und fünfte Weg seines Beweises ist die Ordnung in der Welt. Von Aquin erläutert diesen Beweis mit den Dingen in der Welt, die auf ein genaues Ziel hin aktiv sind, obwohl einige von ihnen keine Erkenntnis haben, so seine erste Prämisse.[34] Zu diesen erkenntnislosen Dingen erwähnt er die „natürlichen Körper(dinge)"[35], die aufgrund eines Zieles tätig sind. Außerdem seien sie oft auf dieselbe Weise tätig, um an ihr Ziel zu gelangen.[36] Er merkt an, dass diese erkenntnislosen Dinge nicht aus Zufall ihre Ziele erreichen können.[37] Daraus ließe sich beweisen, dass sie nicht zufällig, sondern bewusst ihr Ziel erreichen. Seine zweite Prämisse lautet hiermit, dass erkenntnislose Dinge ihr Ziel befolgen, insofern sie von einem erkennenden (geistigen) Wesen auf ein Ziel hin geordnet sind,[38] „wie der Pfeil vom Bogenschützen geleitet wird"[39] und sich selbst nicht von alleine bewegt. Die Konklusion der beiden Prämissen lautet, dass es ein geistig-erkennendes Wesen geben müsse, von dem alle erkenntnislosen Dinge in der Welt auf ihr Ziel hin geordnet werden, welches nur Gott sein könne.[40]

---

[30] Vgl. Von Aquin: Summa Theologica (1982), Bd. 1, S. 47.
[31] Vgl. ebd.
[32] Von ebd., S. 48.
[33] Vgl. ebd., S. 47 f.
[34] Vgl. ebd., S. 48.
[35] Von Aquin: Die Gottesbeweise (1986), S. 59.
[36] Vgl. Von Aquin: Die Gottesbeweise (1986), S. 59.
[37] Vgl. ebd.
[38] Vgl. Von Aquin: Summa Theologica (1982), Bd. 1, S. 48.
[39] Von Aquin: Die Gottesbeweise (1986), S. 59.
[40] Vgl. Von Aquin: Summa Theologica (1982), Bd. 1, S. 48.

An dieser Stelle ist noch anzumerken, dass dieser Weg seines Beweises dem teleologischen Gottesbeweis entspricht, da er von der Ordnung und der zweckvollen Bewegung der erkenntnislosen Dinge in der Welt, auf die Existenz eines Gottes schlussfolgert.

In diesem Kapitel wurde Thomas von Aquins kosmologischer Gottesbeweis mit Thomas' fünf Wegen erläutert und nun wird im nächsten Kapitel der Gottesbeweis von al-Bāqillānī dargelegt, um letztendlich beide Argumente miteinander zu vergleichen.

4.2 Gottesbeweise nach al-Bāqillānī

Abū Bakr al-Bāqillānī (gest. 1013)[41] ist ein muslimischer Theologe, der die Existenz Gottes mit teleologischen Argumenten beweist. Diese Beweisführung behandelt er in seinem Werk *kitāb at-tamhīd*, die auch in diesem Kapitel thematisiert wird. Jedoch verwendet al-Bāqillānī laut der Theologin Hannah C. Erlwein kosmologische Argumente, um die Existenz Gottes zu beweisen.[42] Al-Bāqillānīs Argumentation bezüglich des Beweises der Existenz Gottes beginnt damit, dass es keinen Zweifel gebe, dass die Welt (*'alem*) in Zeit entstanden (*ḥādiṯ*) ist.[43] Er meint damit, dass es einen Zeitpunkt geben muss, in der die Zeit angefangen hat zu existieren und es vorher keine Zeit gegeben hat. Aufgrund dessen schließt er aus, dass es einen Schöpfer (*ṣāni'*) geben muss, der sowohl die Zeit als auch die Welt erschaffen hat.[44] Insbesondere aus dieser Meinung sei al-Bāqillānīs Argumentation kosmologisch zu verstehen, so Erlwein.[45] Al-Bāqillānī begründet seine These, dass die Welt einen Anfang haben muss mit Beispielen von Dingen, die ohne einen Verursacher nicht zu denken sind.

---

[41] Vgl. McCarthy: Al-Bāķillānī (2020), s.p.
[42] Vgl. Erlwein: Arguments for God's Existence (2019), S. 89.
[43] Vgl. Al-Bāqillānī: Kitāb at-tamhīd (1957), S. 23.
[44] Vgl. ebd.
[45] Vgl. Erlwein: Arguments for God's Existence (2019), S. 89.

Nach Erlwein stelle al-Bāqillānī zunächst fest, dass die Welt nur aus Atomen (ǧawāhir) und Akzidenzen (aʿrāḍ) besteht.[46] Ferner führe er fort, dass Akzidenzen (aʿrāḍ) offensichtlich in der Zeit entstanden sind.[47] Der Beweis dafür sei, da zwei gegensätzliche Akzidenzen, wie Bewegung und Ruhe, nicht gleichzeitig in einem Körper existieren können.[48] Das bedeutet, etwas kann sich nicht gleichzeitig bewegen und still bleiben. Außerdem seien die Dinge in der Natur änderbar,[49] er erwähnt ähnliche Beispiele, wie ein Baum, der nach seiner Bearbeitung von Tischlern zu einem Tisch verändert wird oder, dass sich lebendige Wesen in der Natur ebenfalls ändern, wenn sie geboren, aufgewachsen sind und älter werden etc. Er erklärt, dass diese Dinge und Wesen in der Natur nicht in der Lage sind, sich selbst zu verändern. Er deutet diese Veränderung in den Wesen und Dingen als Unvollkommenheit.[50] Also müsse es eine übernatürliche Kraft geben, dieser vollkommen und unveränderbar ist, und diese Veränderungen in den Wesen verursacht.[51] Aus diesem Grund sei ein Gestalter (muṣawwar) notwendig, der die Welt entstehen und formen lassen hat.[52]

Er belegt seine Gottesbeweise mit den Beispielen wie, dass das Schriftstück ohne einen Schreiber nicht zu denken ist, dass das Bild zweifellos einen Maler und das Gebäude einen Bauer hat.[53] Mit den erwähnten Beispielen kommt al-Bāqillānī zu dem Schluss, dass die Form des Universums und die Bewegung der Himmelssphäre von einem Schöpfer abhängig sein müssen.[54] Seine Begründung hierfür ist, dass sie feiner als sämtliche Dinge und ohne einen Schöpfer unausführbar sind.[55] Er meint also, dass die einfachsten Dinge in der Welt ohne einen Täter oder Gestalter undenkbar sind, wie in den angeführten Beispielen erläutert wird.

---

[46] Vgl. Erlwein: Arguments for God's Existence (2019), S. 89.
[47] Vgl. ebd.
[48] Vgl. ebd.
[49] Vgl. Al-Bāqillānī: Kitāb at-tamhīd (1957), S. 23 f.
[50] Vgl. ebd.
[51] Vgl. ebd.
[52] Vgl. Erlwein: Arguments for God's Existence (2019), S. 89 f.
[53] Vgl. Al-Bāqillānī: Kitāb at-tamhīd (1957), S. 23.
[54] Vgl. ebd.
[55] Vgl. ebd.

Al-Bāqillānī deutet also, wenn selbst die einfachsten Dinge einen Veranlasser oder Gestalter benötigen, sei es unvorstellbar, dass das Universum, das viel komplexer als alles andere Existierende ist, keinen Gestalter beziehungsweise keinen Schöpfer hat.[56]

Mit diesen Argumenten hat al-Bāqillānī die Existenz Gottes teleologisch bewiesen, denn er argumentiert, dass es für die Komplexität und die Ordnung des Universums einen Schöpfer geben muss, da selbst die einfachsten Dinge in der Welt ohne einen Verursacher undenkbar sind. Darüber hinaus argumentiert er, dass manche Dinge vor manchen Dingen existiert haben und es sei unmöglich, dass diese Dinge von sich aus angefangen haben, zu existieren.[57] Das beweise, dass es einen Schöpfer geben muss, der diese Existenzreihenfolge sowie in ihnen die Ordnung erschaffen hat.[58]

Jedoch kann seine Argumentation durchaus auch kosmologisch verstanden werden, da er davon ausgeht, dass die Welt in der Zeit entstanden ist und das Universum einen Erstverursacher haben muss.

Bemerkenswert bei seiner Argumentation ist jedoch, dass al-Bāqillānī lediglich die Existenz eines Schöpfers beweist, aber nie erwähnt, dass er mit diesem Schöpfer Gott meint. Nichtsdestotrotz geht laut Nobert Hoerster jeder, der die Welt als Schöpfung bezeichnet, davon aus, dass es einen Gott gibt.[59]

5 Fazit

Wie die Untersuchung gezeigt hat, gibt es verschiedene Methoden und Argumente, um die Existenz Gottes zu beweisen. Die dargelegten Ergebnisse zeigen, dass Al-Bāqillānī und Thomas von Aquin offensichtlich unterschiedliche Argumente benutzt haben, um die Existenz Gottes zu beweisen.

---

[56] Vgl. Al-Bāqillānī: Kitāb at-tamhīd (1957), S. 23.
[57] Vgl. ebd.
[58] Vgl. ebd.
[59] Vgl. Hoerster: Die Frage nach Gott (2005), S. 18.

Jedoch wurde auch nachgewiesen, dass es trotz der verschiedenen Argumentationsmethoden auch Gemeinsamkeiten gibt. Die festgestellten Gemeinsamkeiten von ihnen sind die Folgenden: Thomas von Aquins zweiter Weg des Gottesbeweises, also dass alles was existiert, eine Ursache hat und dass diese Wirkursachen nicht unendlich sein können und es folglich einen ersten Verursacher geben muss. Diese Argumentation verwendete al-Bāqillānī ebenfalls in seinem Werk. Er begründete seine Theorie damit, dass die existierenden Dinge in der Welt eine Existenzreihenfolge haben, welche nicht bis ewig zurückgehen kann. Außerdem sei es unvorstellbar, dass diese Dinge von sich aus angefangen haben, zu existieren, also müsse es einen Schöpfer geben, der diesen Anfang der Existenzreihenfolge erschaffen hat.

Eine weitere Gemeinsamkeit zwischen diesen Argumentationsmethoden ist al-Bāqillānīs Theorie, dass Bewegung und Ruhe nicht zeitgleich in einem Körper existieren können, also müsse es einen Gestalter geben, der die Welt in Bewegung setzt. Ähnlich argumentiert auch von Aquin, denn sein erster Weg des Beweises lautet, dass etwas nicht gleichzeitig bewegend sein kann und gleichermaßen derjenige ist, der bewegt. So kommt er zu dem Schluss, dass es ein erstes unbewegtes Bewegendes geben muss, das die Welt in Bewegung setzt.

An Thomas von Aquins Argumentation ist noch bemerkenswert, dass er in seinem fünften Weg des Gottesbeweises ein teleologisches Argument verwendet hat, obwohl seine Argumentation in den fünf Wegen insgesamt als kosmologisch gelten. In dem fünften Weg des Gottesbeweises geht er nämlich von der Weltordnung aus und erklärt, dass es unmöglich ist, dass erkenntnislose Dinge in der Welt sich auf ein bestimmtes Ziel hin tätigen. Also müsse ein „*geistig-erkennendes Wesen*"[60] geben, der alle Naturdinge auf ihr Ziel hin geordnet hat. Al-Bāqillānī hat eine ähnliche Ansicht, jedoch begründet er, dass es unmöglich ist, dass sich Dinge oder Wesen in der Natur von selbst ändern. Daraus schlussfolgert er, dass ein unveränderliches und vollkommenes Wesen, also ein Schöpfer existieren muss, der diese Änderungen der Dinge und Wesen in der Natur verursacht.

---

[60] Vgl. Von Aquin: Summa Theologica (1982), Bd. 1, S. 48.

Zusammenfassend lässt sich sagen, dass obwohl beide unterschiedliche Methoden zur Beweisführung der Existenz Gottes verwendet haben, sie dennoch Gemeinsamkeiten oder Ähnlichkeiten aufweisen.

6   Literaturverzeichnis

Al-Bāqillānī, Abū Bakr Muḥammad b. aṭ-Ṭayyib: Kitāb at-Tamhīd. Beirut: Librairie Orientale Beyrouth, 1957.

Dupré, Ben: 50 Schlüsselideen Philosophie. Heidelberg: Spektrum Akademischer Verlag, 2010.

Erlwein, Hannah C.: Arguments for God's Existence in Classical Islamic Thought. A Reappraisal of the Discourse. Berlin, Boston: Walter de Gruyter GmbH, 2019.

Hermanni, Friedrich: Metaphysik. Versuche über letzte Fragen. 2. Auflage. Buchheim, Thomas [u.a.] (Hrsg.). Tübingen: Mohr Siebeck, 2017.

Hiltscher, Reinhard: Gottesbeweise. 2. Auflage. Darmstadt: Wissenschaftliche Buchgesellschaft, 2010.

Hoertser, Norbert: Die Frage nach Gott. München: Verlag C.H. Beck oHG, 2005.

Köse, Ali: Din Psikolojisi. In: Türkiye Diyanet Vakfı İslâm Ansiklopedisi. İman. Bd. 22. İstanbul: TDV İslâm Araştırmaları Merkezi, 2000.

McCarthy: Al-Bāḳillānī. In: Encyclopaedia of Islam, Second Edition. 2020.

Müller, Klaus: Gott erkennen. Das Abenteuer der Gottesbeweise. Beinert, Wolfgang (Hrsg.). Regensburg: Verlag Friedrich Pustet, 2001.

Von Aquin, Thomas: Die Gottesbeweise in der „Summe gegen die Heiden" und der „Summe der Theologie". 2. verbesserte Auflage. Seidl, Horst (Hrsg.). Hamburg: Felix Meiner Verlag, 1986.

Von Aquin, Thomas: Summa Theologica. Siemer, Laurentius M. (Übers.) [u.a.]: Gottes Dasein und Wesen. Bd.1. 3. verbesserte Auflage. Siemer, Alexander (Hrsg.). Graz [u.a.]: Verlag Styria, 1982.

Von Aquino, Thomas: Summe der Theologie. Gott und Schöpfung. Bd. 1. 3. verbesserte Auflage. Bernhart, Joseph (Hrsg.). Stuttgart: Alfred Kröner Verlag, 1985.

BEI GRIN MACHT SICH IHR WISSEN BEZAHLT

- Wir veröffentlichen Ihre Hausarbeit,
  Bachelor- und Masterarbeit

- Ihr eigenes eBook und Buch -
  weltweit in allen wichtigen Shops

- Verdienen Sie an jedem Verkauf

Jetzt bei www.GRIN.com hochladen
und kostenlos publizieren